Neunorchen, den 3. 11. 2019

Herzliche Segenswünsche zum Geburtstag

und für das neue Lebensjahr

im Namen der evangelischen

Kirchengemeinde, Ihr J. [illegible], Pfr.

Fotolia/Ssecon

Danke

Vater im Himmel,
ich möchte dir heute
Danke sagen.
Danke für mein Leben,
für jeden Sonnenaufgang,
für jedes Vogelgezwitscher im Frühling,
für die tiefroten, leckeren Erdbeeren,
die jedes Jahr wieder neu
in meinem Garten wachsen.

Ich *danke* dir
für jeden Regenbogen, der mir zeigt,
dass du mich nicht vergessen hast.
Ich *danke* dir auch
für die Ruhe mancher Wintertage.
Wenn alles friedlich schläft,
um dann im Frühling wieder
voller Leben aufzubrechen.

Welch ein Wunder ist das Leben.
Ich *danke* dir, dass du auch mich
wunderbar geschaffen hast.
Ich freue mich auf jeden Tag
und jeden Moment,
um den du mein Leben
reicher und bunter machst.

Amen

Danke

Fotolia/Vaidas Bucys

Fotolia/tilialucida

Morgenlied

Er weckt mich alle Morgen,
er weckt mir selbst das Ohr.
Gott hält sich nicht verborgen,
führt mir den Tag empor,
dass ich mit seinem Worte
begrüß das neue Licht.
Schon an der Dämmrung Pforte
ist er mir nah und spricht.

Wie sind Sie heute morgen aus dem Bett gekommen? Haben Sie sich gefreut auf diesen Tag; auf die Begegnungen, die heute auf Sie warten? Oder sind Sie sozusagen „mit dem falschen Bein aufgestanden"?

Allen Morgenmuffeln hat Jürgen von der Lippe mit einem humorigen Lied aus der Seele gesprochen: „Guten Morgen, liebe Sorgen! Seid ihr auch schon alle da? Habt ihr auch so gut geschlafen? Na, dann ist ja alles klar!"

Kleppers Morgenlied „Er weckt mich alle Morgen" (EG 452) hat mir schon oft einen befreienden Blick auf den neuen Tag eröffnet. Am Morgen stehen nicht nur die Sorgen mit auf. Vielmehr ist Gott es selbst, der uns einen neuen Tag schenkt und uns in seiner Treue durch diesen Tag begleitet.

Er spricht wie an dem Tage,
da er die Welt erschuf.
Da schweigen Angst und Klage;
nichts gilt mehr als sein Ruf.
Das Wort der ewgen Treue,
die Gott uns Menschen schwört,
erfahre ich aufs neue
so, wie ein Jünger hört.

Jochen Klepper stellt den liebevollen Weckruf Gottes, mit dem er uns einen neuen Tag schenkt, in den Zusammenhang mit der Erschaffung der Welt. So erzählt der biblische Schöpfungsbericht, dass Gott die Welt durch sein Wort erschaffen hat. Dort heißt es zum Beispiel: „Und Gott sprach: Es werde Licht! Und es ward Licht.“ (1. Mose 1,3)

Gott spricht und dadurch schenkt er Leben. Jeder Morgen ist so neu wie der erste Morgen der Schöpfung. Jeden Tag empfange ich aus Gottes Hand wie ein neugeborenes

Kind. Am Morgen empfange ich aus Gottes Wort seine Vergebung und seine Ermutigung für diesen heutigen Tag.

Gott schenkt mir jeden Tag einzeln. Das heißt: Ich kann und muss heute nicht mein ganzes Leben auf einmal gestalten; nicht alle Probleme meines Lebens muss ich heute gelöst bekommen. Wer dagegen gleichzeitig seine Vergangenheit und seine Zukunft schultern will, der überlastet sich gnadenlos. Heute ist der einzige Tag, den ich wirklich gestalten kann. Ich kann ihn gestalten mit Gottes Hilfe, der mich Morgen für Morgen neu durch sein schöpferisches Wort anspricht.

Es ist allerdings gar nicht so leicht, Gottes Stimme herauszuhören neben den vielen anderen Stimmen, die Tag für Tag unser Ohr erreichen wollen. Gott legt es offenbar nicht darauf an, die Geräusche unserer lauten Welt brüllend zu übertönen. Sein Reden ist in der Regel so leise und so behutsam, dass ein Mensch es sehr wohl überhören kann. Gottes Worte sind wie die Klänge einer wunderschönen Musik, deren Reichtum sich uns desto mehr aufschließt, je mehr wir eine innere Stille haben. Sie können uns das Ohr und die Lebensgeister wecken.

Er will mich früh umhüllen
mit seinem Wort und Licht,
verheißen und erfüllen,
damit mir nichts gebricht;
will vollen Lohn mir zahlen,
fragt nicht, ob ich versag.
Sein Wort will helle strahlen,
wie dunkel auch der Tag.

In der morgendlichen Begegnung mit dem Wort Gottes können wir Gottes Nähe erfahren und dass wir ihm recht sind.

Egal nun, ob wir heute morgen schlecht oder gut aus den Federn gekommen sind, mit Sorgen beladen oder voller Vorfreude auf diesen neuen Tag: Gott ist uns nahe.
Er spricht zu uns. Sein Wort macht es hell auf unserem Lebensweg. Unser Leben ist geborgen - heute, morgen und an jedem neuen Tag.

Reinhard Ellsel

Fotolia/grigorylugovoy

Fotolia/gorosi

Segenswünsche

Ich *wünsche* dir
Arme, die dich halten,
wenn es dir schlecht geht.

Ich *wünsche* dir
Ohren, die dir zuhören,
wenn dir alles
bis zum Halse steht.

Ich *wünsche* dir
Hände, die dir
über die Wange streichen,
um dich aufzumuntern.

Ich *wünsche* dir
Augen, die dich
in deiner vollen Schönheit
bewundern.

Ich *segne* dich
mit Mut, jeden Schritt
nach vorne zu setzen.

Ich *segne* dich
mit Ruhe,
auch mal zu entspannen
und nicht zu hetzen.

Ich *segne* dich
mit Gelassenheit,
gegebene Dinge
zu akzeptieren.

Ich *segne* dich
mit Stärke,
niemals die Hoffnung
zu verlieren.

Fotolia/ThomBal

Fotolia/nuzza11

Ich *segne* dich
mit Zuversicht,
immer das Gute
in allem zu sehen.

Ich *segne* dich
mit Kraft, stets
wieder aufzustehen.

Ich *segne* dich
mit Ehrlichkeit, auch deine
Meinung zu sagen.

Ich *segne* dich
mit Neugierde,
öfter mal etwas
zu hinterfragen.

Ich *segne* dich
mit Güte, anderen
ihre Fehler zu vergeben.

Ich *segne* dich
mit Lebensfreude, lächelnd
das Leben zu genießen.

Ich *segne* dich
mit Zeit, auch mal
die Augen zu schließen.

Sei gesegnet

Fotolia/agneskantaruk

Fotolia/vencav

Die Treue Gottes
ist unendlich groß.
Sie hört nie auf.
Sie ist an jedem
Morgen neu.

Nehemia 8,10

Unendliche Treue

Als Kind war ich nie am Meer. So weit fuhren meine Eltern nicht, sie mussten bald wieder zurück auf dem Bauernhof sein. Deshalb habe ich nie diesen endlosen Horizont gesehen, diese nicht enden wollende Weite. Das kannte ich nicht, mein Horizont blieb begrenzt, aber er ahnte schon, dass da noch mehr war.

Mit dem eigenen Auto begann dann die Erkundung dieser Welt, begann dieses Fahren bis zum Horizont, bis dorthin, wo ein Meer den Blick in ferne Weiten gleiten ließ. Begann auch die Sehnsucht, all das zu sehen, was diese Erde bietet. Und wenn ich nach vielen Jahrzehnten weit davon entfernt bin, das gesehen zu haben, was ich sehen wollte, muss ich doch dankbar gestehen, dass ich schon sehr viel gesehen habe aus Natur und Geschichte.

Meine Großmutter fuhr nie weg, nur mal zu Verwandten, sie war lieber zu Hause, für sie gab es nichts Neues zu entdecken. Ihr Enkel dagegen war schon immer ein neugieriger

Mensch, der nachsehen wollte, wie die Welt um die nächste Ecke aussah und weiter bis zum entfernten Meer. Wo ich auch hinkam, habe ich Menschen gefunden, die von der unendlichen Treue Gottes erfüllt waren. In ihren Kirchen hörte ich sie ihre Lieder singen und von Gott erzählen. Sie ließen mich an ihrem Glauben teilhaben und an der Freude, seine Gegenwart zu feiern. Gottes Treue war in ihnen verwurzelt. Besonders in Irland, von dessen Küste dieses wunderschöne Bild stammt, lernte ich die Freude am Segnen kennen. Den andern segnen ist das Beste, was man für ihn tun kann - wer segnet, liebt und gibt.

F. Christian Trebing

Leben

Jesus

Die Tür zum Leben

Jesus lädt uns ein: Kommt zu mir.
Ich bin die Tür,
die in ein neues Leben führt.
Überschreitet die Türschwelle
und beginnt mit mir ein neues Leben.
Ich bin die Tür zur Freiheit.
Freiheit von dem, was euch belastet,
denn ich trage eure Last.
Freiheit von Schuld und Verzweiflung,
denn ich vergebe euch.
Freiheit von Angst und Zerbrochenheit,
denn ich schenke
Geborgenheit und Heilung.
Meine Tür steht
jedem Menschen offen.
Tretet ein. In meinen Lebensraum.
Im Hier und Jetzt.
Ich bin die Tür zum Leben.

nach Johannes 10,9

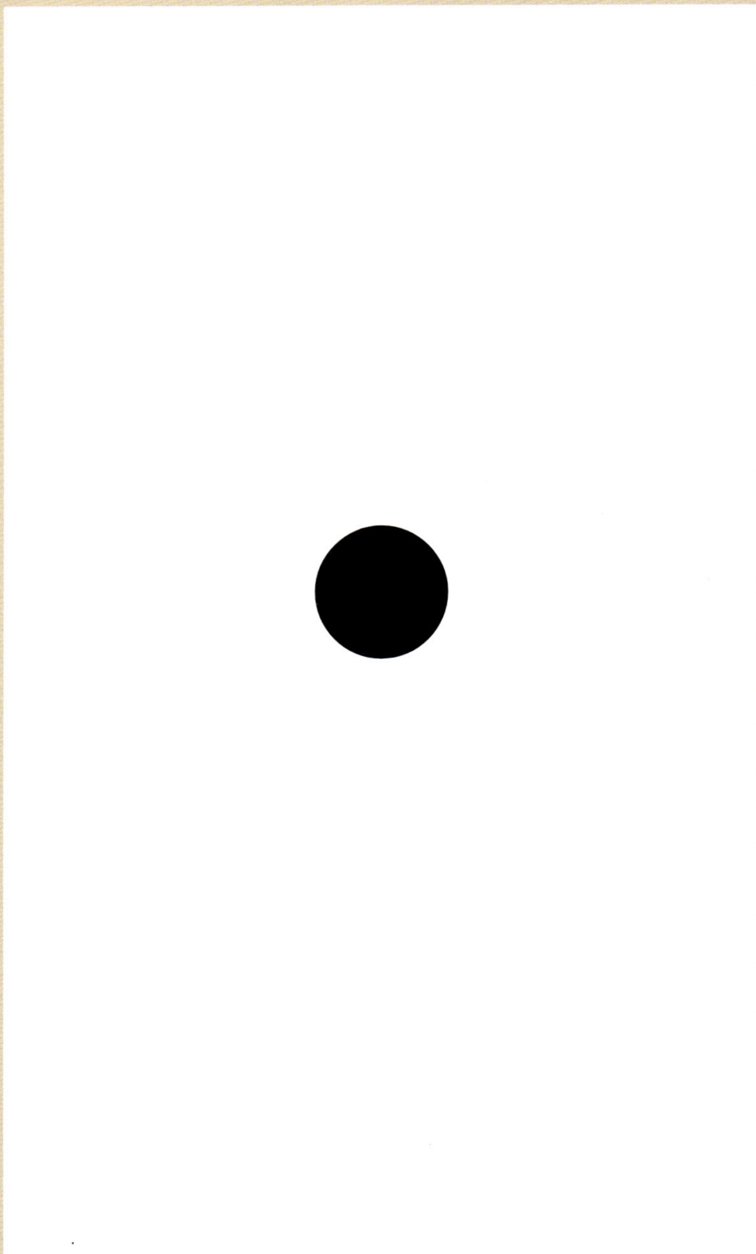

Der schwarze Punkt

Eines Tages kam ein Professor in die Klasse und schlug einen Überraschungstest vor. Er verteilte sogleich das Aufgabenblatt, das wie üblich mit dem Text nach unten zeigte. Dann forderte er seine Studenten auf, die Seite umzudrehen und zu beginnen.
Zur Überraschung aller gab es keine Fragen – nur einen schwarzen Punkt in der Mitte der Seite. Nun erklärte der Professor Folgendes: „Ich möchte Sie bitten, das aufzuschreiben, was Sie dort sehen."
Die Schüler waren verwirrt, aber begannen mit ihrer Arbeit. Am Ende der Stunde sammelte der Professor alle Antworten ein und begann sie laut vorzulesen. Alle Schüler ohne Ausnahme hatten den schwarzen Punkt beschrieben – seine Position in der Mitte des Blattes, seine Lage im Raum, sein Größenverhältnis zum Papier etc.
Nun lächelte der Professor und sagte:
„Ich wollte Ihnen eine Aufgabe zum Nachdenken geben. Niemand hat etwas über den weißen Teil des Papiers geschrieben. Jeder konzentrierte sich auf den schwarzen Punkt – und das gleiche geschieht in unse-

rem Leben. Wir haben ein weißes Papier erhalten, um es zu nutzen und zu genießen, aber wir konzentrieren uns immer auf die dunklen Flecken.
Jedes neue Lebensjahr ist ein Geschenk, das wir mit Liebe und Sorgfalt hüten sollten und es gibt eigentlich immer einen Grund zum Feiern – die Natur erneuert sich jeden Tag, unsere Freunde, unsere Familie, die Arbeit, die uns eine Existenz bietet, die Wunder, die wir jeden Tag sehen. Doch wir konzentrieren uns schnell nur auf die dunklen Punkte – die gesundheitlichen Probleme, der Mangel an Geld, die komplizierte Beziehung mit einem Familienmitglied, die Enttäuschung mit einem Freund, Erwartungsdruck usw. Die dunklen Punkte sind sehr klein im Vergleich zu allem, was wir in unserem Leben haben, aber sie sind diejenigen, die unseren Geist beschäftigen und trüben. Nehmen Sie die schwarzen Punkte wahr, doch richten Sie ihre Aufmerksamkeit mehr auf das gesamte weiße Papier und damit auf die Möglichkeiten und glücklichen Momente in Ihrem Leben und teilen Sie diese mit anderen Menschen!"

unbekannt

Fotolia/jakkopan

Fotolia/nuruddean

Zwischen Weinen
und Lachen
schwingt die Schaukel
des Lebens,
zwischen Weinen
und Lachen
fliegt in ihr der Mensch.

Christian Morgenstern

Fotolia/annakukhmar

Die Seele baumeln lassen

Das Leben ist heutzutage oft mit vielen Aufgaben und Pflichten angefüllt. Haushalt, Beruf, Kinder und Enkelkinder immer unter einen Hut zu bekommen, ist eine ganz schöne Herausforderung. In diesem ganzen Terminchaos auch mal Zeit für sich selbst zu finden, grenzt dann an ein Wunder. Aber das ist mir zu wenig.

Jesus verspricht uns im Neuen Testament, dass er uns das Leben schenken möchte, ein Leben in Fülle. Das passiert nicht einfach so, das müssen wir uns bewusst vornehmen: Momente voller Leben. Das kann bei jedem etwas anderes bedeuten. Wichtig ist, dass wir Momente in unser Leben integrieren, die uns lebendig machen und neue Kraft schenken.

Wenn wir erkennen, wie wertvoll wir in Gottes Augen sind, schenkt uns das die Freiheit, das Leben in seiner Fülle zu genießen. Erst dann kann die Seele so richtig baumeln. Wir sind frei von dem Druck, alles richtig machen zu wollen, allen alles recht machen zu müssen und verlieren die Angst, irgendetwas zu verpassen.

Momente voller Leben dringen durch, wenn wir anfangen loszulassen. Leichtigkeit erfüllt unser Herz und macht uns lebendig. Ich wünsche Ihnen für Ihr neues Lebensjahr Momente voller Leben. Auch wenn nicht alles so laufen mag, wie Sie es sich heute wünschen, schenke Gott Ihnen das Vertrauen in seine Liebe, Hilfe und Versorgung.

Miriam Roll

Die Seele kann erst dann
so richtig baumeln,
wenn auch das Herz
einen Platz gefunden hat,
wo es zur Ruhe kommen kann.

Fotolia/Alexei Novikov

Nimm dir Zeit zum Lachen -
es ist die Musik der Seele.

Nimm dir Zeit zum Denken -
es ist die Quelle der Kraft.

Nimm dir Zeit zum Lesen -
es ist der Brunnen der Weisheit.

Nimm dir Zeit zum Träumen -
es bringt dich den Sternen näher.

Nimm dir Zeit zu lieben
und geliebt zu werden -
es ist der wahre Reichtum des Lebens.

Nimm dir Zeit zur Andacht -
sie wäscht den irdenen Staub
von den Augen.

Nach einem irischen Gebet

Pixelio/Andreas Hermsdorf

Ein Bild vom Frieden

Es war einmal ein König, der schrieb einen Preis im ganzen Land aus: Er lud alle Künstlerinnen und Künstler dazu ein, den Frieden zu malen und das beste Bild sollte eine hohe Belohnung bekommen.

Alle Malerinnen und Maler im Land machten sich eifrig an die Arbeit und brachten dem König ihre Bilder. Von allen Bildern, die gemalt wurden, gefielen dem König zwei am besten. Zwischen denen musste er sich nun entscheiden.

Das erste war ein perfektes Abbild eines ruhigen Sees. Im See spiegelten sich die malerischen Berge, die den See umrandeten und man konnte jede kleine Wolke im Wasser wiederfinden. Jeder, der das Bild sah, dachte sofort an den Frieden.

Das zweite Bild war ganz anders. Auch hier waren Berge zu sehen, aber diese waren zerklüftet, rau und kahl. Am düsteren grauen Himmel über den Bergen jagten sich wütende Wolkenberge und man konnte

den Regen fallen sehen, den Blitz aufzucken und auch fast schon den Donner krachen hören. An einem der Berge stürzte ein tosender Wasserfall in die Tiefe, der Bäume, Geröll und kleine Tiere mit sich riss. Keiner, der dieses Bild sah, verstand, wieso es hier um Frieden gehen sollte.
Doch der König sah hinter dem Wasserfall einen winzigen Busch, der auf der zerklüfteten Felswand wuchs. In diesem kleinen Busch hatte ein Vogel sein Nest gebaut. Dort in dem wütenden Unwetter an diesem unwirtlichen Ort saß der Muttervogel auf seinem Nest – in perfektem Frieden.

Welches Bild gewann den Preis?

Der König wählte das zweite Bild und begründete das so: „Lasst Euch nicht von schönen Bildern in die Irre führen: Frieden braucht es nicht dort, wo es keine Probleme und keine Kämpfe gibt. Wirklicher Frieden bringt Hoffnung, und heißt vor allem, auch unter schwierigsten Umständen und größten Herausforderungen, ruhig und friedlich im eigenen Herzen zu bleiben.

unbekannt

Fotolia/Zacarias da Mata

Meinen Frieden
gebe ich euch;
einen Frieden,
den euch niemand
auf der Welt geben kann.
Seid deshalb
ohne Sorge und Furcht.

Johannes 14,27

Meinen Frieden

Die Sehnsucht nach innerem Frieden, nach Zufriedenheit, nach Ruhe und Geborgenheit tragen wir alle in uns. Es ist ein tiefer Herzenswunsch. Ein Gefühl des Angenommenseins und Ankommens ist damit verbunden. Wir suchen an den verschiedensten Orten nach etwas, was dieses Bedürfnis stillen könnte: im Job, in der Familie, in weit entfernten Ländern oder in einem Mix aus religiösen Ritualen. Aber wo können wir Menschen diesen tiefen Frieden wirklich finden? Wo finden wir Ruhe und innere Zufriedenheit für unser Leben?

Jesus bringt der Welt Frieden. Den Frieden, nach dem sich unser Herz so sehnt. Jesus ist die Quelle allen Friedens, aller Ruhe und inneren Zufriedenheit. Dieser Frieden ist ein Geschenk an uns. Niemand und nichts sonst kann unsere tiefe Sehnsucht dauerhaft stillen. Dieser Frieden, den nur Jesus schenken kann, ist ein Herzenszustand. Als Christen gehören wir zu Jesus. Wir sind mit ihm verbunden und sind so Teil seines Friedens. In dieser Zusage, in diesem Geschenk können wir zur Ruhe kommen. *Miriam Roll*

Getty Images/jpbcpa

Herr, deine Güte reicht
bis an den Himmel
und deine Treue,
so weit die Wolken ziehen!

Deine Gerechtigkeit ragt hoch
wie die ewigen Berge,
deine Urteile gründen
tief wie das Meer.
Du, Herr, hilfst uns.

Deine Liebe ist unvergleichlich.
Du bist unser Gott,
du breitest deine Flügel
über uns
und gibst uns Schutz.

Du sättigst uns
aus dem Reichtum
deines Hauses,
deine Güte erquickt uns
wie frisches Wasser.
Du selbst bist die Quelle,
die uns Leben schenkt.
Deine Liebe ist die Sonne,
von der wir leben.

nach Psalm 36

Ein feste Burg ist unser Gott

Das ist der Titel eines der bekanntesten Lieder von Martin Luther. Dieses Bild, dieser Vergleich, den Luther hier darstellt, zeugt von einer lebendigen Beziehung zu Gott. Luther kannte Krisen und Leid, aber dennoch siegte sein Vertrauen in einen starken Gott. Ein Vertrauen, das durch Begegnungen und Erfahrungen mit einem guten Gott wuchs und gedeihte. Das ihn trotz aller dunklen Stunden seines Lebens nicht verzweifeln ließ, sondern ihn immer wieder an den Punkt führte: Meinem Gott kann ich

vertrauen. In seiner Hand bin ich sicher und geborgen wie in einer Burg mit ihren hohen Mauern, hoch oben auf dem Gipfel des Berges. Mein Gott ist wie eine feste Burg.
Burgen kennen wir heute nur noch von Besichtigungen oder aus Filmen, aber für Luther waren Burgen ein Bestandteil seines Lebens. Über zehn Monate wurde er auf der Wartburg bei Eisenach vor seinen Feinden versteckt, und erlebte so die Sicherheit einer festen Burg am eigenen Leib. Diese Burg bedeutete für ihn Ruhe und Frieden, wie wir es eben nur in einer sicheren Umgebung erleben können. Luther muss sich dort oft so gefühlt haben, sonst wäre er sicher nicht in der Lage gewesen, solch eine Leistung zu vollbringen und das Neue Testament ins Deutsche zu übersetzen.
Wenn Luther Gott als seine feste Burg erlebt hat, dann dürfen wir das 500 Jahre später auch. Gott ist derselbe, und so können wir in der Beziehung zu ihm Sicherheit, Ruhe und Frieden erfahren - wie in einer festen Burg.

Markus Roll

Fotolia/yamagiwa

Lobgesang

Noch habe ich mein Leben,
das Gott der Herr mir schenkt.
Der mir das Blüh'n gegeben,
auch meine Schritte lenkt.
Und gibt es dunkle Wolken,
belastend Tag und Nacht.
So bin ich doch geborgen
und weiß, der Herr gibt Acht.
Er wird mich nicht vergessen,
auch wenn ich's nicht vermag.
Nach Stürmen, Kälte, Regen
leuchtet ein neuer Tag!

Luise Aurand

Fotolia/ffPhoto

Nicht alle
unsere Wünsche,
aber alle
seine Verheißungen
erfüllt Gott.

Dietrich Bonhoeffer

Gott weiß, was wir brauchen

Tag für Tag sind wir umgeben von Werbeplakaten und Fernsehwerbung. Auch Dietrich Bonhoeffer kannte die Einflüsse eines modernen Lebens, in dem die Werbung und die Umwelt immer wieder neue Wünsche in uns Menschen hervorrufen möchten. In den 20-iger Jahren des letzten Jahrhunderts gab es wie heute ständig neue Produkte, die das Leben erleichtern sollten. Werbung begann damals die Menschen zu beeinflussen und ihnen einzureden, was sie für ein glückliches und erfülltes Leben alles bräuchten. Dreht sich jedoch alles nur um die Erfüllung unserer Bedürfnisse, sind wir einem gefährlichen Strudel ausgesetzt, der uns immer unzufriedener und undankbarer werden lässt.

Die Bibel stellt uns Gott als liebenden Vater vor, den wir um alles bitten können. Gott verspricht uns, dass er uns alles gibt, was wir zum Leben benötigen. Es ist leicht, Gott um all die Dinge zu bitten, von denen wir ganz sicher sind, dass wir sie unbedingt zum Überleben brauchen. Wir haben aber sicher genau wie Dietrich Bonhoeffer die Erfahrung gemacht, dass Gott nicht alle unsere Wünsche erfüllt oder alle Bedürfnisse stillt. Vielleicht sind wir deswegen enttäuscht und haben uns von Gott zurückgezogen. Aber denken wir daran, wie wir unsere Kinder erziehen: Keine fürsorglichen Eltern geben ihren kleinen Kindern all das, was sie gerne hätten. Ganz einfach, weil sie wissen, es wäre nicht förderlich für sie.

So ist es auch mit unserem himmlischen Vater. Er erfüllt nicht alle unsere Wünsche, aber er kennt uns. Er weiß besser als wir selbst, was wir in unserem Leben brauchen. Darauf dürfen wir vertrauen.

Markus Roll

Gott spricht:

Sage mir, was du brauchst
und was dich bewegt.
Wenn du traurig bist,
möchte ich dich trösten.
Wenn du müde bist,
möchte ich dich aufrichten.
Wenn du einsam bist,
möchte ich dich umarmen.
Dir Zuspruch geben,
wenn du verzweifelt bist.
Übergib mir all
deine Ängste und Sorgen.
Ich schenke dir neuen Mut
und neue Hoffnung.
Deshalb geh ruhig
in jeden Tag.

Ich bin bei dir.

Fotolia/Marcella Miriello

Von guten Mächten

treu und still umgeben,
behütet und getröstet wunderbar,
so will ich diese Tage mit euch leben,
und mit euch gehen
in ein neues Jahr.

Fotolia/rookie72

Noch will das Alte
unsre Herzen quälen,
noch drückt uns
böser Tage schwere Last.
Ach Herr, gib unsern
aufgescheuchten Seelen
das Heil, für das Du uns bereitet hast.

Und reichst Du uns
den schweren Kelch, den bittern
des Leids, gefüllt
bis an den höchsten Rand,
so nehmen wir ihn
dankbar ohne Zittern
aus Deiner guten und geliebten Hand.

Doch willst Du uns
noch einmal Freude schenken
an dieser Welt
und ihrer Sonne Glanz,
dann wolln wir
des Vergangenen gedenken,
und dann gehört Dir unser Leben ganz.

Lass warm und still
die Kerze heute flammen,
die Du in unsre Dunkelheit gebracht,
führ, wenn es sein kann,
wieder uns zusammen.
Wir wissen es,
Dein Licht scheint in der Nacht.

Wenn sich die Stille
nun tief um uns breitet,
so lass uns hören jenen vollen Klang
der Welt, die unsichtbar
sich um uns weitet,
all Deiner Kinder
hohen Lobgesang.

Von guten Mächten
wunderbar geborgen
erwarten wir getrost,
was kommen mag.
Gott ist mit uns
am Abend und am Morgen
und ganz gewiss an jedem neuen Tag.

Dietrich Bonhoeffer

Fotolia/magicphoto24

Mit Gott auf dem Weg

Danke, mein Schöpfer,
dass du bei mir bist
auf dem Weg durch mein Leben.
An den Tagen, an denen
es in großen Schritten voran geht,
aber auch an den Tagen, an denen
ich zwei Schritte zurückgehe,
um die Richtung zu ändern.
Danke, Gott, dass ich mit dir
nicht auf der Stelle trete,
sondern in Bewegung bin.
Danke, dass ich mich verändern
und wachsen darf.
Das ist manchmal schmerzhaft,
aber du hast mir versprochen,
mich dabei zu begleiten.
Wenn ich selbst mal nicht mehr kann,
trägst du mich auf deinen Schultern
auf dem Weg durch mein Leben.

Gott ist mit dir
in allem,
was du tust.

Genesis 21,22

Textnachweise:

Seite 3-4	Miriam Roll
Seite 7-10	Reinhard Ellsel
Seite 22-23	F. Christian Trebing
Seite 27-28	Quelle unbekannt
Seite 33-34	Miriam Roll
Seite 39-40	Quelle unbekannt
Seite 43	Miriam Roll
Seite 46-47	Markus Roll
Seite 49	Luise Aurand
Seite 52-53	Markus Roll
Seite 54	Miriam Roll
Seite 57-59	Dietrich Bonhoeffer
Seite 61	Miriam Roll

Bildbandreihe Herzliche Segenswünsche

Redaktion, Gestaltung und
Texte ohne Kennzeichnung: Miriam Roll
Druck: Wort im Bild, Altenstadt/Hessen

Diesen Bildband (Ausgabe 2017) gibt es in gleicher Ausstattung mit unterschiedlichen Titelblättern:

Best. Nr. 878.680
Herzliche Segenswünsche zum Geburtstag

Best. Nr. 878.681
Herzliche Segenswünsche zum 70. Geburtstag

Best. Nr. 878.682
Herzliche Segenswünsche zum 75. Geburtstag

Best. Nr. 878.683
Herzliche Segenswünsche zum 80. Geburtstag

Best. Nr. 878.684
Herzliche Segenswünsche zum 85. Geburtstag

Best. Nr. 878.685
Herzliche Segenswünsche zum 90. Geburtstag

Außerdem lieferbar:

Best. Nr. 878.782 Herzliche Segenswünsche zum 95. Geburtstag
Best. Nr. 878.885 Herzliche Segenswünsche zum Geburtstag von Ihrer Kirchengemeinde